함께 사랑하며 살아가는

_____

&

_____

누군가에게
깊이 사랑받으면
힘이 생기고
누군가를 깊이 사랑하면
용기가 생긴다.

_노자(老子)

너와 나의 3년 이야기

하루에 하나씩 주어진 질문에 답하면서 3년 동안 함께 로맨틱한 추억을 만들어가세요.
한 사람은 **검은 줄**에, 다른 한 사람은 빨간 줄에 각각 답을 기록하면 됩니다.
서로의 사랑을 키워 나가는 동안
나 자신의 삶을 돌아보게 하는 질문도 있고
그(그녀)에 대해 조용히 생각해보는 질문도 있습니다.
그리고 두 사람만의 멋진 순간을 남기게 해주는 질문도 있습니다.
이 책을 통해 앞으로 3년이란 시간을 함께하면서 두 사람의 삶, 그리고
사랑이 어떻게 변화하고 성장해갈지 한눈에 볼 수 있습니다!

OUR Q&A A DAY : 3-YEAR JOURNAL FOR 2 PEOPLE
by Potter Style

Copyright © 2013 by Potter Style.
All rights reserved.

This Korean edition was published by Midnight Bookstore in 2016
by arrangement with Potter Style, an imprint of the Crown Publishing Group,
a division of Penguin Random House LLC through
KCC(Korea Copyright Center Inc.), Seoul.

이 책은 (주)한국저작권센터(KCC)를 통한 저작권자와의 독점계약으로
(주)심야책방에서 출간되었습니다. 저작권법에 의해 한국 내에서 보호를 받는
저작물이므로 무단전재와 복제를 금합니다.

JANUARY

사랑은 _____ 다.

20___ · _____

20___ · _____

20___ · _____

JANUARY

그(그녀)와 나누고 싶은
올해 계획을 써보자.

20___ • _____

20___ • _____

20___ • _____

JANUARY

지금 이 순간 정말로
중요하게 생각되는 것은 무엇인가?

20 ___ . _____

20 ___ . _____

20 ___ . _____

JANUARY

그(그녀)의
사랑스러운 버릇은 무엇인가?

20 ___ . _____

20 ___ . _____

20 ___ . _____

JANUARY

사랑에도 유효기간이 있을까?

20 ___ · _____

20 ___ · _____

20 ___ · _____

JANUARY

오늘 하루가 놀라웠던 이유는
_____다.

20____.

20____.

20____.

JANUARY

나의 아킬레스건은 무엇인가?

20 ___ •

20 ___ •

20 ___ •

JANUARY 8

나는 무엇을
내려놓을 준비가 되었는가?

20 ___ • _____

20 ___ • _____

20 ___ • _____

JANUARY

"내가 당신을 한 단어로 표현한다면
_____야."

20___ •

20___ •

20___ •

JANUARY

오늘 축복할 가치가 있는 일은 무엇인가?

20 ___ . _____

20 ___ . _____

20 ___ . _____

JANUARY

우리가 가장 최근에 함께한
데이트에 대해 적어보자.

20____ •

20____ •

20____ •

JANUARY 12

"만약 당신이 _____을(를) 한다면 충격일 거야."

20___ • _____

20___ • _____

20___ • _____

JANUARY 13

더블데이트를 하고 싶은 커플은?

20___ · _____

20___ · _____

20___ · _____

JANUARY

올해 우리 두 사람에게
나타난(나타날 것 같은)
긍정적인 변화는?

20___._____

20___._____

20___._____

JANUARY 15

나를 짜증나게 하는 것은?

20___ ·

20___ ·

20___ ·

16

JANUARY

그(그녀)가 최근에 한 감동적인 말은?

20 ___ . _____

20 ___ . _____

20 ___ . _____

JANUARY

그(그녀) 때문에
소리 내어 웃은 적은 언제인가?

20 ___ . _____

20 ___ . _____

20 ___ . _____

18

JANUARY

"난 당신이 _____을(를) 입는 게 참 좋아."

20__ • _____

20__ • _____

20__ • _____

JANUARY

그(그녀)에게 받은
가장 기억에 남는 모닝콜은?

20___ . _____

20___ . _____

20___ . _____

JANUARY

오늘 우리 두 사람 중
더 신나는 사람은 누구인가?

20___ . _____

20___ . _____

20___ . _____

JANUARY

최근에 그(그녀)가 꿈에 나왔는가?
어떤 꿈이었는가?

20____ • _____

20____ • _____

20____ • _____

JANUARY

커피, 주스, 차 아니면 _____.

20___ .

20___ .

20___ .

JANUARY

커플이 된 후 가장 달라진 일상은?

20____ . _____

_____

_____

_____

_____

_____

20____ . _____

_____

_____

_____

_____

_____

20____ . _____

_____

_____

_____

_____

_____

JANUARY

우리가 함께 창업을 한다면
어떤 일이 될까?

20___ • _____

20___ • _____

20___ • _____

JANUARY 25

그(그녀)를 위한 음악 리스트를
만들어준다면, 그 제목은?

20___ • _____

20___ • _____

20___ • _____

JANUARY 26

현재 누구의 삶이 더 안정적인가?

20___ . _____

20___ . _____

20___ . _____

JANUARY 27

우리 두 사람이 함께 받은
가장 기분 좋은 칭찬은 무엇인가?

20 ___ · _____

20 ___ · _____

20 ___ · _____

JANUARY

주말에 집으로 초대하고픈
유명 스타는 누구인가?
그(그녀)도 과연 좋아할까?

20___ • _____

20___ • _____

20___ • _____

JANUARY 29

"당신과 함께 있으면
_____한 느낌이야."

20____.

20____.

20____.

JANUARY

내가 마스터하고 싶은 것은?

20___ •

20___ •

20___ •

JANUARY 31

그(그녀)에게 걸맞은
초능력은 무엇일까?

20___ㆍ

20___ㆍ

20___ㆍ

FEBRUARY

요즘 그(그녀)에게
가장 궁금한 한 가지는?

20___ . _____

20___ . _____

20___ . _____

FEBRUARY

그(그녀)에게
전문가 뺨치는 분야가 있다면?

20___ . _____
_____
_____
_____
_____
_____

20___ . _____
_____
_____
_____
_____
_____

20___ . _____
_____
_____
_____
_____
_____

FEBRUARY

소개팅을 주선해주고 싶은
친구는 누구인가?

20 ___ • _____

20 ___ • _____

20 ___ • _____

FEBRUARY

현재 집착에 가까울 정도로
열심히 듣는 노래는?

20 ___ .

20 ___ .

20 ___ .

FEBRUARY

은근히 좋아하는 집안일이 있는가?

20 ___ . _____

20 ___ . _____

20 ___ . _____

FEBRUARY

언제, 어디에서
아이디어가 가장 잘 떠오르는가?

20 ___ . _____

20 ___ . _____

20 ___ . _____

FEBRUARY

목적 있는 삶을 살고 있는가,
아직 삶의 목적을 찾고 있는 중인가?

20___ . _____

20___ . _____

20___ . _____

FEBRUARY

지금 이 순간,
무슨 일이 벌어지고 있는가?

20___ •

20___ •

20___ •

FEBRUARY

"당신이 _____을(를) 한다고 해도
전혀 놀랍지 않을 거야."

20 ___ .

20 ___ .

20 ___ .

FEBRUARY 10

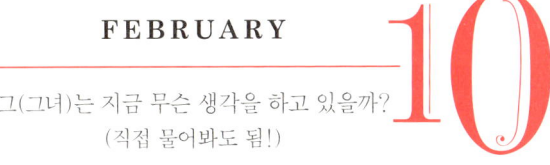

그(그녀)는 지금 무슨 생각을 하고 있을까?
(직접 물어봐도 됨!)

20 ___ . _____

20 ___ . _____

20 ___ . _____

FEBRUARY

오늘 어떤 일이 일어나면
기적처럼 느껴질까?

20___. _____

20___. _____

20___. _____

FEBRUARY 12

새해가 시작된 지도 벌써 43일.
후회되는 것이 있는가?

20____ . _____

20____ . _____

20____ . _____

13 FEBRUARY

요즘 그(그녀)의 기분을
세 단어로 표현해보자.

20___. _____

20___. _____

20___. _____

FEBRUARY

언제 내가 사랑에 빠졌음을
알 수 있는가?

20___ · _____

20___ · _____

20___ · _____

15

FEBRUARY

우리 사이를
가장 잘 중재해주는 사람은 누구인가?

20 ___ . _____

20 ___ . _____

20 ___ . _____

FEBRUARY 16

어제 몇 시간 잤는가?

20____ •

20____ •

20____ •

17

FEBRUARY

그(그녀)에게
가장 필요한 것은 무엇인가?

20 ___ . _____

20 ___ . _____

20 ___ . _____

FEBRUARY 18

요즘 새롭게 발견한 것들 중
가장 마음에 드는 것은?

20 ___ .

20 ___ .

20 ___ .

19

FEBRUARY

지금 이 순간,
'더 많았으면…' 하는 것은?

20___ · _____

20___ · _____

20___ · _____

FEBRUARY

서로 사랑하는 사람들이
이별하는 가장 큰 이유는 뭘까?

20 ___ . _____

20 ___ . _____

20 ___ . _____

FEBRUARY

나는 시작만 잘하는가, 끝까지 잘하는가?
(최근에 새로 시작한 일과
끝낸 일에 대해 써보자.)

20___ ・ _____

20___ ・ _____

20___ ・ _____

FEBRUARY

"당신이 _____ 하는 모습은
아무리 봐도 싫증나지 않아."

20___ • _____

20___ • _____

20___ • _____

FEBRUARY

가장 최근에 얼굴이 붉어졌을 때는 언제인가?

20___ · _____

20___ · _____

20___ · _____

FEBRUARY

그(그녀)는 누구를 닮았는가?

20 ___ . _____

20 ___ . _____

20 ___ . _____

FEBRUARY

오늘 가장 부드러운 것은?

20___ . _____

20___ . _____

20___ . _____

FEBRUARY

그(그녀)의 물건 중에서
내다버리고 싶은 것 한 가지를 적어보자.

20___ · _____

20___ · _____

20___ · _____

FEBRUARY

위로가 필요한가?
무엇이 위로가 될 수 있을까?

20___ • _____

20___ • _____

20___ • _____

FEBRUARY

둘이 눈싸움을 해보자!
누가 이겼는가?

20 ___ • _____

20 ___ • _____

20 ___ • _____

FEBRUARY

내가 기꺼이
위험을 감수할 수 있는 일은 무엇인가?

20____. _____

20____. _____

20____. _____

MARCH 1

어떻게 하면 더 평온한 하루가 될 수 있을까?

20 ___ .

20 ___ .

20 ___ .

MARCH

그(그녀)가 '행복할 때 보여주는 몸짓이나 포즈, 춤'이 있는가?
마지막으로 본 것은 언제인가?

20 ___ · _____
_____
_____
_____
_____
_____

20 ___ · _____
_____
_____
_____
_____
_____

20 ___ · _____
_____
_____
_____
_____
_____

MARCH

그(그녀)에게 바치는 노랫말이나 시,
문장을 적어보자.

20____ · _____

20____ · _____

20____ · _____

MARCH

그(그녀)의 어머니에게
여쭤보고 싶은 것은?

20___ .

20___ .

20___ .

MARCH

가장 길었던 하루는 언제였나?

20____ . _____

20____ . _____

20____ . _____

MARCH

나의 롤 모델은 누구인가?

20 ___ . _____

20 ___ . _____

20 ___ . _____

MARCH

최근 가장 드라마틱했던 일은?

20 ___ .

20 ___ .

20 ___ .

MARCH

그(그녀)가 가장 존경스러웠을 때는?

20 ___ .

20 ___ .

20 ___ .

MARCH

나의 이력서에 추가될 내용은?

20___ · _____

20___ · _____

20___ · _____

10

MARCH

최근에 같이 본
로맨틱한 공연이나 영화는?

20___ .

20___ .

20___ .

MARCH

내가 가장 간절하게 원하는 것은 무엇인가?

20____ . _____

20____ . _____

20____ . _____

12

MARCH

나에게 살아갈 힘을 주는 것은?

20 _____ .

20 _____ .

20 _____ .

MARCH 13

지금 주머니에 10만 원이 있다면
무엇을 하겠는가?

20____ • _____

20____ • _____

20____ • _____

MARCH

"_____만큼은
언제나 당신을 믿을 수 있어."

20___ ·

20___ ·

20___ ·

MARCH 15

요즘 남몰래 몰두하고 있는 일은?

20 ___ •

20 ___ •

20 ___ •

16

MARCH

두 사람과 관련된 일 중에서
그(그녀)의 동의 없이 결정한 것은?

20___ . _____

20___ . _____

20___ . _____

MARCH

함께 해보고 싶은 활동이 있다면?

20 ___ . _____

20 ___ . _____

20 ___ . _____

18

MARCH

나는 사랑으로 포용하는 쪽인가,
투쟁으로 쟁취하는 쪽인가?

20___ . _____

20___ . _____

20___ . _____

MARCH 19

요즘 어떤 연락이 오면
가장 기쁘겠는가?

20____ · _____

20____ · _____

20____ · _____

MARCH

오늘 눈에 띈 기사 제목은?

20 ____ . _____

20 ____ . _____

20 ____ . _____

MARCH

함께 여행하고 싶은 곳은 어디인가?

20 ___ . _____

20 ___ . _____

20 ___ . _____

MARCH

"난 당신이 _____을(를) 할 때 기꺼이 도와주고 싶어."

20___ •

20___ •

20___ •

MARCH

오늘 무슨 상상을 했는가?

20____.

20____.

20____.

MARCH

최근에 그(그녀)가 한
엄청나게 웃긴 행동은?

20___ㆍ _____

20___ㆍ _____

20___ㆍ _____

MARCH

세상에서 가장 중요한 것은 _____다.

20___ ·

20___ ·

20___ ·

MARCH

나는 필요 이상으로 사과하는 편인가?
무엇에 대해 사과하는가?

20___. _____

20___. _____

20___. _____

MARCH 27

우리가 함께 밴드를 결성한다면
이름은 뭐라고 지을까?

20___ . _____

20___ . _____

20___ . _____

MARCH

오늘 반드시 기억해야 할 일은?

20 ___ .

20 ___ .

20 ___ .

MARCH

이번 주의 내 상황과
어울리는 음악은 무엇인가?

20 ___ .

20 ___ .

20 ___ .

MARCH

그(그녀)는 팔굽혀펴기를
몇 개나 할 수 있을까?
(추측이 맞는지 직접 시켜볼 것!)

20___ . _____

20___ . _____

20___ . _____

MARCH

오늘 거울을 몇 번이나 봤는가?
(거울 속의 모습이 마음에 들었는가?)

20 ___ •

20 ___ •

20 ___ •

1

APRIL

그(그녀)가 가장 좋아할 만한 거짓말은?

20____ · _____

20____ · _____

20____ · _____

APRIL

최근에 연락이 닿은 오랜 친구가 있는가?
누구인가?

20____ . _____

20____ . _____

20____ . _____

APRIL

오늘 하루가 소중한 이유는 _____ 다.

20 ___ •

20 ___ •

20 ___ •

APRIL

그(그녀)가 내 전화를 받지 않을 때
어떤 느낌이 드는가?

20____ . _____

20____ . _____

20____ . _____

5

APRIL

언제 스스로 강하다고 느끼는가?

20___ .

20___ .

20___ .

APRIL

올해가 만족스럽게 지나가고 있는가?

20____ .

20____ .

20____ .

APRIL

그(그녀)가 보낸 마지막 문자나 이메일이
어떤 내용이었는지 적어보자.

20___ . _____

20___ . _____

20___ . _____

APRIL

"당신이 아니었다면 난 _____에 대해
전혀 알지 못했을 거야."

20___ • _____

20___ • _____

20___ • _____

APRIL

새로움과 한결같음 중에 선택한다면?

20 ___ . _____

20 ___ . _____

20 ___ . _____

APRIL 10

가장 좋아하는 야식은 무엇인가?

20____ . _____

20____ . _____

20____ . _____

APRIL

오늘 가장 생산적인 일은 무엇이었는가?

20____ . _____

20____ . _____

20____ . _____

APRIL 12

1년 후의 그(그녀)에게 보내는 메시지를 적어보자.
    (주의: 답은 포스트잇으로 가려놓고
    내년 오늘까지 비밀로 할 것!)

20___. _____

20___. _____

20___. _____

13

APRIL

당장 그(그녀)에게 달려가고 싶었던 적은?

20 ___ .

20 ___ .

20 ___ .

APRIL

요즘 그(그녀)에게 권해주고 싶은 책은?

20 ___ . _____

20 ___ . _____

20 ___ . _____

15

APRIL

열심히 일하고 있는가,
게으름을 피우고 있는가?

20___ . _____

20___ . _____

20___ . _____

APRIL 16

우리 두 사람을 방해하는 것은 무엇인가?

20____ .

20____ .

20____ .

APRIL

내 눈에 비친 그(그녀)는 어떤 사람인가?

20 ___ .

20 ___ .

20 ___ .

APRIL 18

그(그녀)가 조속히 해결해야 할
문제 하나를 적어보자.

20____ · _____

20____ · _____

20____ · _____

19

APRIL

"난 항상 당신이 _____ 해서 고마워."

20___ · _____

20___ · _____

20___ · _____

APRIL

그(그녀)를 위해
모르는 척 넘어가준 일은?

20 ___ · _____

20 ___ · _____

20 ___ · _____

21 APRIL

우리에게
더 이상 중요하지 않은 것은?

20 ___ . _____

20 ___ . _____

20 ___ . _____

APRIL 22

예전보다
우리에게 더 중요해진 것은?

20 ___ .

20 ___ .

20 ___ .

APRIL

그(그녀)의 베스트프렌드는
나에 대해 어떻게 생각할까?

20___ . _____

20___ . _____

20___ . _____

APRIL

우리의 사랑은 5대5인가?
한쪽으로 기울어 있지는 않은가?

20 ___ . _____

20 ___ . _____

20 ___ . _____

APRIL

"당신은 _____을(를) 할 때 정말 근사해."

20___ •

20___ •

20___ •

APRIL 26

그(그녀)의 가장 빛났던
침묵은 무엇인가?

20___ •

20___ •

20___ •

27 APRIL

그(그녀)에게 지금 가장 먼저
떠오르는 단어를 물어보라. 어떤 단어인가?

20 ___ . _____

20 ___ . _____

20 ___ . _____

APRIL

이번 주에 구매한 가장 비싼 물건은 무엇인가?

20 ___ · _____

20 ___ · _____

20 ___ · _____

APRIL

그(그녀)의 마음을 여는 패스워드는?

20___ **.**

20___ **.**

20___ **.**

APRIL

"당신과 껴안고 있으면 _____ 해."

20__ .

20__ .

20__ .

1. MAY

그(그녀)가 무엇을 기억했으면 좋겠는가?

20 ___ · _____

20 ___ · _____

20 ___ · _____

MAY 2

나는 _____을(를) 할 때
쉽게 상처 받는다.

20___ • _____

20___ • _____

20___ • _____

MAY

그(그녀)와의 입맞춤은 어떤 느낌인가?

20____ · _____

20____ · _____

20____ · _____

MAY

4월에 얻은 가장 큰 교훈은?

20____ • _____

20____ • _____

20____ • _____

5 MAY

오늘은 정말 _____ 한 하루였다.
그 이유는 _____ 다.

20___ . _____

20___ . _____

20___ . _____

MAY

가장 로맨틱하다고
생각하는 일을 묘사해보자.

20 ___ · _____

20 ___ · _____

20 ___ · _____

MAY

그(그녀)보다
나에게 더 많이 필요한 것은 무엇인가?

20___ . _____

20___ . _____

20___ . _____

MAY

그(그녀)와의 약속은
잘 지켜지고 있는가?

20____ . _____

20____ . _____

20____ . _____

MAY

달력에 두려운 날짜가 있는가?
그 이유는?

20___ •

20___ •

20___ •

MAY 10

오늘 내 기분과 잘 어울리는
음악 장르는?

20___ㆍ

20___ㆍ

20___ㆍ

MAY

최근에 성공한 일에 대해 써보자.

20___ . _____

20___ . _____

20___ . _____

MAY

우리가 함께 수업을 듣는다면 어떤 과목일까?

20___ . _____

20___ . _____

20___ . _____

13

MAY

나의 의사결정에
영향을 끼치는 사람은 누구인가?

20 ___ . _____

20 ___ . _____

20 ___ . _____

MAY 14

좋은 연인이란 무엇일까?

20___ •

20___ •

20___ •

15 MAY

"우리 _____로 도망가자."

20___ㆍ_____

20___ㆍ_____

20___ㆍ_____

MAY 16

그(그녀)가 고전하고 있는 일은?

20 ___ •

20 ___ •

20 ___ •

17

MAY

그(그녀)의 존재감이
가장 돋보였던 순간은?

20___ ·

20___ ·

20___ ·

MAY 18

최근에 오해받는 기분을
느꼈을 때는 언제인가?

20___ •

20___ •

20___ •

19

MAY

오늘 열심히 생각한 일은?

20____ . _____

20____ . _____

20____ . _____

MAY 20

그(그녀)가 알아주지 않아서
속상했던 일은?

20____ •

20____ •

20____ •

21 MAY

_____은(는) 요즘 엄청난 인기다.

20 ___ .

20 ___ .

20 ___ .

MAY 22

우리의 커플룩은 어떤 모습인가?

20____ •

20____ •

20____ •

23 MAY

자, 이제 다음 할 일은?

20 ___ . _____

20 ___ . _____

20 ___ . _____

MAY

그(그녀)는
언제 가장 큰 동기를 부여받는가?

20 ___ •

20 ___ •

20 ___ •

MAY

내일 혼자 휴가를 떠난다면
어디로 가겠는가?

20___ · _____

20___ · _____

20___ · _____

MAY 26

"앞으로 _____에 대해 귀찮게 하지 않겠다고 맹세할게."

20___ .

20___ .

20___ .

MAY

그(그녀)에게 꼭 보여주고 싶은
것이 있다면?

20___ . _____

20___ . _____

20___ . _____

MAY

그(그녀)가 낯설게 느껴졌던 적은?

20___ •

20___ •

20___ •

MAY

오늘 하루 아무것도 하지 않아도
된다면 뭘 하겠는가?

20 ___ .

20 ___ .

20 ___ .

MAY

나는 무엇에 희망적인가?

20 ___ . _____

20 ___ . _____

20 ___ . _____

31

MAY

나는 무엇에 민감한가?

20___ ·

20___ ·

20___ ·

JUNE

1

그(그녀) 때문에 익숙해진 것은?

20___ . _____

20___ . _____

20___ . _____

JUNE

두 사람의 예상이 적중했던 일은?

20____ . _____

20____ . _____

20____ . _____

JUNE

내가 좋아하는 그(그녀)의 여름 패션은?

20___ . _____

20___ . _____

20___ . _____

JUNE

그(그녀)가 갖고 있는 것 중에서
무척이나 탐나는 한 가지는?

20___ . _____

20___ . _____

20___ . _____

JUNE 5

그(그녀)가 말해주지 않아도 아는 것은?

20 ___ • _____

20 ___ • _____

20 ___ • _____

JUNE

최근에 가장 깜짝 놀랐던 일은?

20___ •

20___ •

20___ •

JUNE

"난 당신의 웃는 모습을 보면 _____."

20 ___ •

20 ___ •

20 ___ •

JUNE

8

나를 슬프게 만드는 것은?

20____ . _____

20____ . _____

20____ . _____

JUNE

운명을 믿는가?

20____ .

20____ .

20____ .

JUNE

그(그녀)는
오늘 커피를 몇 잔 마셨을까?

20___ •

20___ •

20___ •

JUNE

우리는 서로를 있는 그대로 받아들이는가?

20___ •

20___ •

20___ •

JUNE

그(그녀)에게 용서를 구해야 할 일이 있다면? 이참에 솔직하게 털어놓자.

20 ___ . _____

20 ___ . _____

20 ___ . _____

JUNE 13

"난 당신이 _____을(를) 할 때 너무나 걱정이 돼."

20 ___ •

20 ___ •

20 ___ •

JUNE

지금껏 우리가 함께한
최고의 경험은?

20___ . _____

20___ . _____

20___ . _____

JUNE 15

올해 하반기의 목표
세 가지를 적어보자.

20 ___ . _____

20 ___ . _____

20 ___ . _____

16

JUNE

우리 두 사람이 식은 죽 먹기로
우승할 수 있는 대회는 무엇일까?

20___ •

20___ •

20___ •

JUNE

나 혼자만 간직하고 있는 꿈은?

20 ___ •

20 ___ •

20 ___ •

18

JUNE

무엇을 보면 그(그녀)가 몹시 그리운가?

20___ · _____

20___ · _____

20___ · _____

JUNE

7월의 가장 중요한 우선순위는?

20 ___ • _____

20 ___ • _____

20 ___ • _____

JUNE

우리의 사랑을 책으로 묶는다면
첫 문장은 어떻게 시작될까? 써보자.

20____ . _____

20____ . _____

20____ . _____

JUNE

그(그녀)의 친구 중에 더 친해지고 싶은 사람이 있다면?

20___.

20___.

20___.

JUNE

그(그녀)를 위해
포기한 것이 있는가?

20 ___ •

20 ___ •

20 ___ •

JUNE

마지막으로 눈물 흘린 적은
언제인가?

20___ • _____

20___ • _____

20___ • _____

JUNE 24

내가 생각하는
멋진 저녁 데이트에 대해 써보자.

20 ___ . _____

20 ___ . _____

20 ___ . _____

JUNE 25

그(그녀)에게서
어떤 향기가 나는가?

20 ___ . _____

20 ___ . _____

20 ___ . _____

JUNE 26

우리 두 사람에게 가장 큰 행운은?

20___ . _____

20___ . _____

20___ . _____

JUNE

지금 먹고 싶은 음식은?

20____ .

20____ .

20____ .

JUNE

신발이 몇 켤레 있는가?

20___ . _____

20___ . _____

20___ . _____

JUNE

가장 최근에 통화한
세 사람은 누구인가?

20___ . _____

20___ . _____

20___ . _____

30

JUNE

사랑이 더 깊어지고 있는가?

20____ · _____

20____ · _____

20____ · _____

JULY

1

우리의 연애사를 속속들이 꿰뚫고 있는 사람은?

20___ •

20___ •

20___ •

JULY

이번 주에 가장 충동적으로
한 일은 무엇이었는가?

20___ . _____

20___ . _____

20___ . _____

JULY

가장 최근에 그(그녀)에게 준
특별한 선물은 무엇인가?

20___ · _____

_____

_____

_____

_____

20___ · _____

_____

_____

_____

_____

20___ · _____

_____

_____

_____

_____

JULY

나는 충분히 독립적인가?

20 ___ .

20 ___ .

20 ___ .

JULY

5

내 인생의 주요 테마는?

20___ · _____

20___ · _____

20___ · _____

JULY

우리 두 사람이 함께 한 말도 안 되는 짓은?

20 ___ .

20 ___ .

20 ___ .

JULY

그(그녀)에게 몹시 질투가 났던 적은?

20 ___ •

20 ___ •

20 ___ •

JULY

나를 지나치게
몰아세우는 사람은 누구인가?

20___ • _____

20___ • _____

20___ • _____

JULY

이번 주에 한
가장 창의적인 일은 무엇인가?

20___ · _____

_____

_____

_____

_____

_____

20___ · _____

_____

_____

_____

_____

_____

20___ · _____

_____

_____

_____

_____

_____

JULY

오늘이 아니면 그(그녀)에게
영영 물어보지 못할 것 같은 것은?
(용기를 내보자!)

20___ · _____

20___ · _____

20___ · _____

"오늘 시작하라, 당신의 가장 소중한 삶을!"
한국·미국·유럽 시장 판매 1위!

『Q&A a Day』 다이어리북 시리즈

페이스북 www.facebook.com/tornadobook
인스타그램 www.instagram.com/qnaaday

5년 후 나에게

"내 삶의 가장 빛나는 순간을 기록하라!"

교보문고·예스24·인터파크·알라딘 1위
아마존 270주 연속 베스트셀러

6년 연속
미국·유럽 서점 다이어리북 판매 1위

Q&A a Day : 5년 후 나에게
포터 스타일 지음 | 정지현 옮김 | 14,800원

전국서점
베스트셀러
★★★

JULY

요즘 그(그녀)가 애지중지하고 있는 것은?

20___ • _____

20___ • _____

20___ • _____

12

JULY

그(그녀)를 만나지 못했다면,
지금 나는 어떻게 살고 있을까?

20___ · _____

20___ · _____

20___ · _____

JULY

13

사람들이 요즘 우리 커플에게
가장 궁금해 하는 것은?

20 ___ • _____

20 ___ • _____

20 ___ • _____

JULY

가장 최근에 받은
택배는 무엇인가?

20___ . _____

20___ . _____

20___ . _____

JULY 15

"만약 당신이 행방불명된다면 난 _____ 로 찾으러 갈 거야."

20 ___ . _____

20 ___ . _____

20 ___ . _____

JULY

내가 아직도 콩깍지가 씌었다고
느끼는 때는?

20 ___ •

20 ___ •

20 ___ •

JULY

그(그녀)와 함께 참석한
가장 즐거웠던 파티나 모임은?

20____ . _____

20____ . _____

20____ . _____

18

JULY

_____은(는) 돈보다 중요하다.

20___.

20___.

20___.

JULY

내가 나를 위해 버려야 할 것은
무엇인가?

20____ • _____

20____ • _____

20____ • _____

JULY

언제 그(그녀)와 커플이 된 게
가장 자랑스러웠나?

20 ___ . _____

20 ___ . _____

20 ___ . _____

JULY

"나에게 _____ 하는 법을
　　　가르쳐줘."

20 ___ • _____

20 ___ • _____

20 ___ • _____

JULY

힘겨울 때 조금씩 꺼내먹는
그(그녀)와의 추억은 무엇인가?

20____ . _____

20____ . _____

20____ . _____

JULY 23

그(그녀)와 생각만 하고 있을 뿐,
한 번도 못해본 것은?

20 __ .

20 __ .

20 __ .

JULY

그(그녀)가 언제
외롭고 쓸쓸해 보이는가?

20___ · _____

20___ · _____

20___ · _____

JULY

우리 커플이 영향을 주고 있는
다른 커플은? 어떤 점에서?

20 ___ . _____

_____

_____

_____

_____

20 ___ . _____

_____

_____

_____

_____

20 ___ . _____

_____

_____

_____

_____

JULY

눈에서 멀어지면 마음도 멀어질까?

20 ___ .

20 ___ .

20 ___ .

JULY

나는 올해 어떻게 여기까지 왔는가?

20 ___ .

20 ___ .

20 ___ .

JULY

올해 그(그녀)에 대해
새롭게 알게 된 사실은?

20 ___ . _____

20 ___ . _____

20 ___ . _____

JULY

다 집어치우고 1년쯤 세계여행을
가자고 그(그녀)가 제안한다면?

20___ ·

20___ ·

20___ ·

30

JULY

"난 당신이 _____을(를) 할 때
손발이 오그라들어."

20___. _____

20___. _____

20___. _____

JULY

요즘 그(그녀)는 누구에 대한 이야기를
많이 하는가?

20____ • _____

20____ • _____

20____ • _____

AUGUST

1.

우리의 사랑에 1퍼센트쯤
부족한 게 있다면?

20 ___ · _____

20 ___ · _____

20 ___ · _____

AUGUST

오늘 그(그녀)에게 필요한 격려는?

20____ . _____

20____ . _____

20____ . _____

AUGUST

"오늘은 우리가 _____해서
정말 멋진 하루였어."

20___ · _____

20___ · _____

20___ · _____

AUGUST

방금 15분 동안 있었던 일에 대해 적어보자.

20___. _____

20___. _____

20___. _____

AUGUST

5

그(그녀)와 친구들 앞에서 노래를 부른다면,
어떤 곡을 고르겠는가?

20 ___ •

20 ___ •

20 ___ •

AUGUST

나는 무엇에
강렬한 호기심을 느끼는가?

20 ___ . _____

20 ___ . _____

20 ___ . _____

AUGUST

그(그녀)에게
가장 마지막으로 한 말은 무엇인가?

20 ___ . _____

20 ___ . _____

20 ___ . _____

AUGUST

지갑에 뭐가 들어 있는가?

20 ___ . _____

20 ___ . _____

20 ___ . _____

AUGUST

마지막으로 찍은 사진은?

20___ . _____

20___ . _____

20___ . _____

AUGUST

요즘 내가 그(그녀)를 부르는
별명이나 애칭은 무엇인가?

20 ___ .

20 ___ .

20 ___ .

11

AUGUST

"우리는 _____을(를) 좋아해!
특히 언제 좋아하지? _____!"

20___ . _____

20___ . _____

20___ . _____

AUGUST 12

나는 왜 그(그녀)에게 반했는가?

20___ .

20___ .

20___ .

13

AUGUST

우리 관계에 새로운 변화가 있는가?

20____ · _____

20____ · _____

20____ · _____

AUGUST

나에게 기쁨을 주는 것은 무엇인가?

20 _____ ·

20 _____ ·

20 _____ ·

15

AUGUST

두 사람만 그 뜻을 알 수 있는
약어나 은어, 신조어를 만들어보자.

20 ___ . _____

20 ___ . _____

20 ___ . _____

AUGUST

요즘 그(그녀)가 왜 그러는지
통 모르겠는 일은?

20 ___ . _____

20 ___ . _____

20 ___ . _____

17 AUGUST

사랑하기 때문에 헤어질 수 있겠는가?

20___ . _____

20___ . _____

20___ . _____

AUGUST

다른 사람은 절대 모르는 나만 알고 있는
그(그녀)의 모습은?

20____ • _____
_____
_____
_____
_____

20____ • _____
_____
_____
_____
_____

20____ • _____
_____
_____
_____
_____

19

AUGUST

그(그녀)가 내 의견에
따라주었으면 하는 것은?

20 ___ . _____

20 ___ . _____

20 ___ . _____

AUGUST

고쳤으면 하는
그(그녀)의 습관이 있다면?

20 ___ •
_____
_____
_____
_____
_____

20 ___ •
_____
_____
_____
_____
_____

20 ___ •
_____
_____
_____
_____
_____

21

AUGUST

"난 _____을(를) 할 만반의 준비가 됐어."

20___ · _____

20___ · _____

20___ · _____

AUGUST

도저히 믿기 어려운 것은?

20 ___ . _____

20 ___ . _____

20 ___ . _____

AUGUST

"나는 당신이 _____을(를) 할 때 평화를 느껴."

20___ . _____

20___ . _____

20___ . _____

AUGUST

최근에 심각한 낭패를
당한 적은 언제인가?

20___ • _____

20___ • _____

20___ • _____

AUGUST

시간이 왜 이렇게 빠를까?

20 ___ . _____

20 ___ . _____

20 ___ . _____

AUGUST

현재 삶에서
가장 만족스러운 부분은?

20___ . _____

20___ . _____

20___ . _____

AUGUST 27

현재 온 정신이
쏠려 있는 일은 무엇인가?

20___ ·

20___ ·

20___ ·

AUGUST

그(그녀)가 양보하지 않는 것은?

20 __ .

20 __ .

20 __ .

AUGUST

레드 와인, 화이트 와인,
샴페인 아니면 _____.

20 ___ . _____

20 ___ . _____

20 ___ . _____

AUGUST 30

이제는 _____에 대해
진지하게 생각해볼 때.

20___ . _____

20___ . _____

20___ . _____

31

AUGUST

요즘 그(그녀)에 대한
주변의 평판은?

20___ . _____

20___ . _____

20___ . _____

SEPTEMBER 1

내가 남을 가르칠 수 있을 정도로 잘하는 것은?

20____ · _____

20____ · _____

20____ · _____

SEPTEMBER

내 인생은 어디로 나아가고 있는가?

20____ . _____

20____ . _____

20____ . _____

SEPTEMBER

가장 존경하는 커플이 있다면?

20___ •

20___ •

20___ •

SEPTEMBER

요즘 그(그녀)와
가장 즐겨 찾는 장소는?

20___ . _____

20___ . _____

20___ . _____

SEPTEMBER

요즘 그(그녀)가 처한
작은 난관에 대해 적어보자.

20 ___ . _____

20 ___ . _____

20 ___ . _____

SEPTEMBER

내가 자꾸 까먹는 것은?

20___ .

20___ .

20___ .

SEPTEMBER

오늘 그(그녀)가 내게 처음 건넨 말은?

20 ___ · _____

20 ___ · _____

20 ___ · _____

SEPTEMBER

8

나를 당혹스럽게 만드는 것은?

20___ •

20___ •

20___ •

SEPTEMBER

나의 오늘 별자리 운세는?

20____ •

20____ •

20____ •

SEPTEMBER

그(그녀)의 가족에 대해
최근에 알게 된 사실을 적어보자.

20___. _____

20___. _____

20___. _____

SEPTEMBER

내 인생에 절대로 없으면 안 되는
세 가지를 적어보자.

20____.

20____.

20____.

12 SEPTEMBER

"난 당신이 _____을(를) 할 때 당신과 연애하길 잘했다는 생각이 들어."

20___. _____

20___. _____

20___. _____

SEPTEMBER 13

우리 관계를 지탱해주는
버팀목은 무엇인가?

20____ • _____

20____ • _____

20____ • _____

14 SEPTEMBER

신뢰란 _____ 다.

20___ · _____

20___ · _____

20___ · _____

SEPTEMBER 15

올해 가장 그(그녀)에게
가슴이 설레었던 순간은?

20____ . _____

20____ . _____

20____ . _____

16

SEPTEMBER

적어도 우리에겐 언제나
_____가(이) 있다.

20___ .

20___ .

20___ .

SEPTEMBER

내가 점점 더 나아지고 있는 부분은?

20____ . _____

20____ . _____

20____ . _____

18

SEPTEMBER

난 더 이상
_____을(를) 참을 수 없다.

20___ .

20___ .

20___ .

SEPTEMBER

물거품처럼 사라진 계획은?

20 __ .

20 __ .

20 __ .

SEPTEMBER

그(그녀)가 가장 최근에
검색한 것 세 가지를 추측해보자.

20___ . _____

20___ . _____

20___ . _____

SEPTEMBER

그(그녀)는
6개월 후 어떤 모습일까?

20 ___ . _____

20 ___ . _____

20 ___ . _____

SEPTEMBER

그(그녀)의 비밀은 무엇인가?
무엇일 것 같은가?

20 __ .

20 __ .

20 __ .

SEPTEMBER

언제 우리 커플이
위기를 극복했다고 느꼈는가?

20 ___ .

20 ___ .

20 ___ .

SEPTEMBER

우리 두 사람만의
집을 짓는다면?

20___ . _____

20___ . _____

20___ . _____

SEPTEMBER

나는 _____을(를)
용기 있게 이겨낼 것이다.

20___ . _____

20___ . _____

20___ . _____

26 SEPTEMBER

자꾸만 관심이 가는 소문은?

20 ___ . _____

20 ___ . _____

20 ___ . _____

SEPTEMBER 27

5년 후 나에게 보내는
간단한 엽서를 써보자.

20 ___ . _____

20 ___ . _____

20 ___ . _____

SEPTEMBER

우리 두 사람이 싸우는
가장 근본적인 원인은 무엇인가?

20___ · _____

20___ · _____

20___ · _____

SEPTEMBER

그(그녀)는 나쁜 소식을 전할 때
어떻게 하는가?

20 ___ . _____

20 ___ . _____

20 ___ . _____

SEPTEMBER

시리얼, 계란, 토스트 아니면 _____.

20___ . _____

20___ . _____

20___ . _____

OCTOBER

그(그녀)와 나는 무엇이 같고 무엇이 다른가?

20___ .

20___ .

20___ .

OCTOBER

친한 커플들에게서
우리가 배워야 할 점이 있다면?

20___ · _____

20___ · _____

20___ · _____

OCTOBER

나에게 영감을 준 예술 작품이나 사건은?

20____ · _____

20____ · _____

20____ · _____

OCTOBER

가을이다.
서로의 패션을 코디해보자.

20____ ·

20____ ·

20____ ·

OCTOBER 5

그(그녀)의 손을 잡고 걸을 때
어떤 느낌이 드는가?

20___ .

20___ .

20___ .

OCTOBER

새로 사귄 친구가 있는가?

20___ · _____

20___ · _____

20___ · _____

OCTOBER

그(그녀)에게 어울릴 것 같은
외국어 이름을 선물해보자.

20____ . _____

20____ . _____

20____ . _____

OCTOBER

그(그녀)가 꼭 받아야 할 상이 있다면?
그 상의 타이틀을 지어보자.

20___ •

20___ •

20___ •

OCTOBER

최근의 선택들은 탁월한가?

20 ___ • _____

20 ___ • _____

20 ___ • _____

OCTOBER

좋아하는 라디오 디제이에게
그(그녀)를 위해
짤막한 사연을 보낸다면? 신청곡은?

20____ · _____

20____ · _____

20____ · _____

OCTOBER 11

내 마음에는 지금 무엇이 담겨 있는가?

20 ___ · _____

20 ___ · _____

20 ___ · _____

12

OCTOBER

그(그녀)에게
눈물 나게 고마웠던 적은?

20___ . _____

20___ . _____

20___ . _____

OCTOBER 13

그(그녀)에게 그림 한 점을 선물할 수 있다면, 어떤 그림을?

20 ___ . _____

20 ___ . _____

20 ___ . _____

14

OCTOBER

사람은 자기 자신을 가장 사랑한다.
동의하는가?

20____.

20____.

20____.

OCTOBER 15

하루 종일 그(그녀)를 생각한 적이 있는가?
그 이유는?

20___ · _____

20___ · _____

20___ · _____

16

OCTOBER

여행을 계획할 때
내가 가장 중요하게 생각하는 것은?

20___ . _____

20___ . _____

20___ . _____

OCTOBER

그(그녀)를 차분하게 만들어주는 것은 무엇인가?

20 ___ • _____

20 ___ • _____

20 ___ • _____

18

OCTOBER

그(그녀)를 위해
딱 한 번만 대신 해주고 싶은 일은?

20 ___ **·** _____

20 ___ **·** _____

20 ___ **·** _____

OCTOBER

지금 우리 두 사람은 어디로 가고 있는가?

20 ___ .

20 ___ .

20 ___ .

OCTOBER

오늘 두 사람의 지갑에 있는
돈을 전부 합해 살 수 있는 것은?

20 ___ •

20 ___ •

20 ___ •

OCTOBER 21

오늘 아침 눈을 떴을 때
가장 먼저 떠오른 생각은?

20 ___ • _____

20 ___ • _____

20 ___ • _____

OCTOBER

최근에 쓸모없는
존재처럼 느낀 적은 언제인가?

20___ . _____

20___ . _____

20___ . _____

OCTOBER 23

마땅한 답을 아직 찾지 못했지만
계속 생각해야 하는 일은?

20 ___ · _____

20 ___ · _____

20 ___ · _____

24 OCTOBER

해결해서 속이 다 후련한 일은?

20 ___ .

20 ___ .

20 ___ .

OCTOBER

오늘 한 말 중에서
가장 솔직했던 말은 무엇인가?

20___ . _____

20___ . _____

20___ . _____

OCTOBER

지금까지 그(그녀)가 했던
가장 이상한 행동은?

20___ . _____

20___ . _____

20___ . _____

OCTOBER 27

최근에 기분이 무척 좋았던 산책은?

20____ · _____

20____ · _____

20____ · _____

OCTOBER

올해 그(그녀)에게 들은
가장 로맨틱했던 말이나 고백은?

20___ . _____

20___ . _____

20___ . _____

OCTOBER

_____은(는)
정말로 '핫(hot)' 하다.

20___ .

20___ .

20___ .

 OCTOBER

요즘 내 삶에
빛이 되어주는 것은?

20 ___ . _____

20 ___ . _____

20 ___ . _____

OCTOBER

31

그(그녀)를 위해 핼러윈 의상을
디자인해준다면?

20___ . _____

20___ . _____

20___ . _____

NOVEMBER

1

_____가(이) 없는 세상은
생각할 수조차 없다.

20___ . _____

20___ . _____

20___ . _____

NOVEMBER

요즘 감탄이 절로 났던
그(그녀)의 행동이나 생각은?

20 ___ .

20 ___ .

20 ___ .

3

NOVEMBER

현재 주목하고 있는 이슈는?

20____ .

20____ .

20____ .

NOVERMBER

나이가 들어도 여전히 사랑스러울 것 같은
그(그녀)의 모습은?

20___ . _____

20___ . _____

20___ . _____

5 NOVEMBER

타인의 시선과 판단으로부터
얼마나 자유로운가?

20____ · _____

20____ · _____

20____ · _____

NOVEMBER

그(그녀)에게 부탁할
중요한 일이 있는가?

20 ___ .

20 ___ .

20 ___ .

NOVEMBER

미완성으로 느껴지는 것이 있는가?

20___ • _____

20___ • _____

20___ • _____

NOVEMBER

가장 친한 친구의 고민은 무엇인가?

20___ . _____

20___ . _____

20___ . _____

NOVEMBER

마침내 올 것이 오고야 말았는가?

20___ . _____

20___ . _____

20___ . _____

NOVEMBER

나에게 _____은(는) 죄책감은
느껴지지만 포기할 수 없는 즐거움이다.

20 ___ .

20 ___ .

20 ___ .

NOVEMBER

짝사랑 때문에 마음을 앓는 사람들에게
조언을 해준다면?

20 ___ . _____

20 ___ . _____

20 ___ . _____

NOVEMBER 12

사랑하면 서로 닮는다는데,
정말 그런가?

20____ · _____

20____ · _____

20____ · _____

13

NOVEMBER

그(그녀)가 이번 주에 한 가장 귀여운 짓은?

20 ___ . _____

_____
_____
_____
_____
_____

20 ___ . _____

_____
_____
_____
_____
_____

20 ___ . _____

_____
_____
_____
_____
_____

NOVEMBER

가장 자존심이 상했던 일은?

20____ •

20____ •

20____ •

15

NOVEMBER

올해의 그(그녀)를
세 단어로 정의해보자.

20 ___ . _____

20 ___ . _____

20 ___ . _____

NOVEMBER

요즘 가장 피하고 싶은
사람이나 일은?

20 ___ .

20 ___ .

20 ___ .

# 17

NOVEMBER

그(그녀)에게 힘을 불어넣는
주문을 외워보자.

20____ . _____

20____ . _____

20____ . _____

NOVEMBER

그(그녀)는 무엇을
가장 못 견뎌 하는가?

20___ ・ _____

20___ ・ _____

20___ ・ _____

NOVEMBER

우리가 연인이 아니라
친구였다면 어땠을까?

20____ㆍ

20____ㆍ

20____ㆍ

NOVEMBER

그(그녀)와 커플이 되면
잘 어울릴 것 같은 유명 스타는?

20___ •

20___ •

20___ •

NOVEMBER

"난 당신이 앞으로 평생 _____을(를) 하지 않는다고 해도 괜찮아."

20___. _____

20___. _____

20___. _____

NOVEMBER

최근에 길을 잃은 것 같은
느낌이 든 적은?

20 ___ . _____

20 ___ . _____

20 ___ . _____

NOVEMBER

그(그녀)의 이름으로
삼행시를 지어보자.

20___ . _____

20___ . _____

20___ . _____

NOVEMBER

가장 최근에 휴대폰에서
지운 연락처는?

20 ___ • _____

20 ___ • _____

20 ___ • _____

NOVEMBER

더 이상 사실이
아닌 것은 무엇인가?

20 ___ • _____

20 ___ • _____

20 ___ • _____

NOVEMBER

우리 두 사람만이 누리는
특권이 있다면?

20 __ •

20 __ •

20 __ •

NOVEMBER

_____은(는)
인생의 커다란 미스터리다.

20___. _____

20___. _____

20___. _____

NOVEMBER

허리를 굽혔을 때
손이 발가락에 닿는가?

20____ . _____

20____ . _____

20____ . _____

NOVEMBER

그(그녀)가 해주면
피곤이 확 풀릴 것 같은 말이나 일은?

20___ . _____

20___ . _____

20___ . _____

NOVEMBER 30

우리의 사랑은 섭씨 몇 도인가?

20 ___ .

20 ___ .

20 ___ .

DECEMBER 1

진심으로 사랑한다면
상대를 _____하게 해야 한다.

20___ · _____

_____

_____

_____

_____

20___ · _____

_____

_____

_____

_____

20___ · _____

_____

_____

_____

_____

DECEMBER

그(그녀)는 언제 가장
지적인 느낌을 주는가?

20____ • _____

20____ • _____

20____ • _____

DECEMBER

우리의 사랑은 어떻게 시작되었는가?

20 ___ • _____

20 ___ • _____

20 ___ • _____

DECEMBER

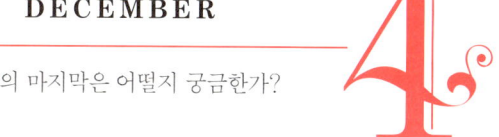

우리의 마지막은 어떨지 궁금한가?

20____ • _____

20____ • _____

20____ • _____

5 DECEMBER

"당신은 나에게 _____을(를) 떠오르게 해."

20___ • _____

20___ • _____

20___ • _____

DECEMBER

깨끗하게 포기한 일은 무엇인가?

20____ . _____

20____ . _____

20____ . _____

DECEMBER

올해 그(그녀)의 삶은
어떻게 바뀌었는가?

20___ . _____

20___ . _____

20___ . _____

DECEMBER

오늘 가장 통쾌한 일은 무엇이었는가?

20___ • _____

20___ • _____

20___ • _____

DECEMBER

올해 그(그녀)가 한 가장 친절하고
너그러운 일은 무엇인가?

20___ · _____

20___ · _____

20___ · _____

DECEMBER

"당신은 내 인생의 _____ 야."

20____ • _____

20____ • _____

20____ • _____

11 DECEMBER

첫눈이 오는 날,
어디를 가면 그(그녀)가 있을 것 같은가?

20___ • _____

20___ • _____

20___ • _____

DECEMBER 12

나의 버킷리스트 1위는?

20___ . _____

20___ . _____

20___ . _____

13

DECEMBER

나는 _____에 대해 굳게 확신한다.

20___ · _____

20___ · _____

20___ · _____

DECEMBER 14

내 안의 어린아이는
지금 무엇을 원하는가?

20___·

20___·

20___·

15 DECEMBER

나는 누구의 열렬한 팬인가?
그 이유는?

20 ___ •

20 ___ •

20 ___ •

DECEMBER

우리 두 사람의 관계에서
가장 만족스러운 부분은 무엇인가?

20____ •

20____ •

20____ •

17

DECEMBER

내가 도저히 거부할 수 없는 것은?

20____ . _____

20____ . _____

20____ . _____

DECEMBER 18

"우리 같이 _____을(를) 축하하자."

20___ • _____

20___ • _____

20___ • _____

19 DECEMBER

나에게 일어날 수 있는
최악의 시나리오는 무엇인가?

20 ___ • _____

20 ___ • _____

20 ___ • _____

DECEMBER

최근에 발견한 우연한 행운은?

20___ . _____

20___ . _____

20___ . _____

DECEMBER

크리스마스에
어떤 일이 일어날 것 같은가?

20___ . _____

20___ . _____

20___ . _____

DECEMBER 22

올해 알게 된 사람 중에
가장 흥미로운 사람은?

20 ___ . _____

20 ___ . _____

20 ___ . _____

23

DECEMBER

무엇이 진리인가?

20___ . _____

20___ . _____

20___ . _____

DECEMBER

그(그녀)의 자는 모습은
어떠한가?

20___ . _____

20___ . _____

20___ . _____

DECEMBER

그(그녀)를 위한
짧은 기도문을 작성해보자.

20___. _____

20___. _____

20___. _____

DECEMBER

올해 이 책에 적은 그(그녀)의 답들 중
가장 마음에 드는 것을 골라보자.

20 ___ · _____

20 ___ · _____

20 ___ · _____

DECEMBER

그(그녀)가 가장 좋아하는
스킨십 유형은?

20___ . _____

20___ . _____

20___ . _____

DECEMBER 28

오랫동안
기다려야 하는 일은?

20 ___ . _____

20 ___ . _____

20 ___ . _____

DECEMBER

올해 가장
감사했던 일 세 가지는?

20___ · _____

20___ · _____

20___ · _____

DECEMBER 30

올해 우리의 사랑은
나를 어떻게 변화시켰는가?

20____ · _____

20____ · _____

20____ · _____

31

DECEMBER

올해 우리가 함께한
최고의 명장면은 무엇인가?

20___ . _____

20___ . _____

20___ . _____

옮긴이 정지현 일상의 정취가 묻어나는 이야기를 사랑하는 그녀는 미국에서 딸을 키우며 번역 활동에 대한 사랑도 함께 키워나가고 있다. 현재 출판번역 에이전시 베네트랜스에서 전속 번역가로 활동 중이다.

Our Q&A a Day : 너와 나의 3년 이야기

1판 1쇄 발행 2016년 10월 1일

지은이 포터 스타일 **옮긴이** 정지현
발행인 오영진 김진갑 **발행처** (주)심야책방

출판등록 2013년 1월 25일 제2013-000028호
주소 서울시 마포구 월드컵북로5가길 12 서교빌딩 2층
전화 02-332-3310 **팩스** 02-332-7741
홈페이지 www.tornadobook.co.kr
페이스북 www.facebook.com/tornadobook
Q&A a Day 인스타그램 www.instagram.com/qnaaday

종이 월드페이퍼(주) **인쇄·제본** 현문자현(주)

ISBN 979-11-5873-062-8 13840

이 책은 저작권법에 따라 보호를 받는 저작물이므로 무단전재와 복제를 금하며,
이 책 내용의 전부 또는 일부를 사용하려면 반드시 저작권자와 (주)심야책방의 서면 동의를 받아야 합니다.

잘못되거나 파손된 책은 구입하신 서점에서 교환해드립니다.
책값은 뒤표지에 있습니다.